LE LABO DE TON CERVEAU

Tome 1 : Les Bases

Proposé par Bruno Vandenbeuck

Projet soutenu par :

Ecole de l'Harmonie – 28290 Arrou
Facebook : Les Fées Relax

Blog Le Labo de TON Cerveau : lelabodetoncerveau.over-blog.com
Facebook : Le Labo de TON Cerveau

© 2015, Bruno Vandenbeuck
Editeur : BoD – Books on Demand,
12/14 rond-point des Champs Élysées, 75008 Paris
Impression : BoD – Books on Demand, Allemagne

ISBN : 9782322041862

Dépôt légal : Octobre 2015

Le Labo de ton cerveau

c'est jouer avec ce que tu es capable de faire, déjà.

C'est aussi un mode d'emploi de ton cerveau que tu peux COLORIER comme tu veux => c'est TON jeu, donne-lui du SENS

INTRODUCTION

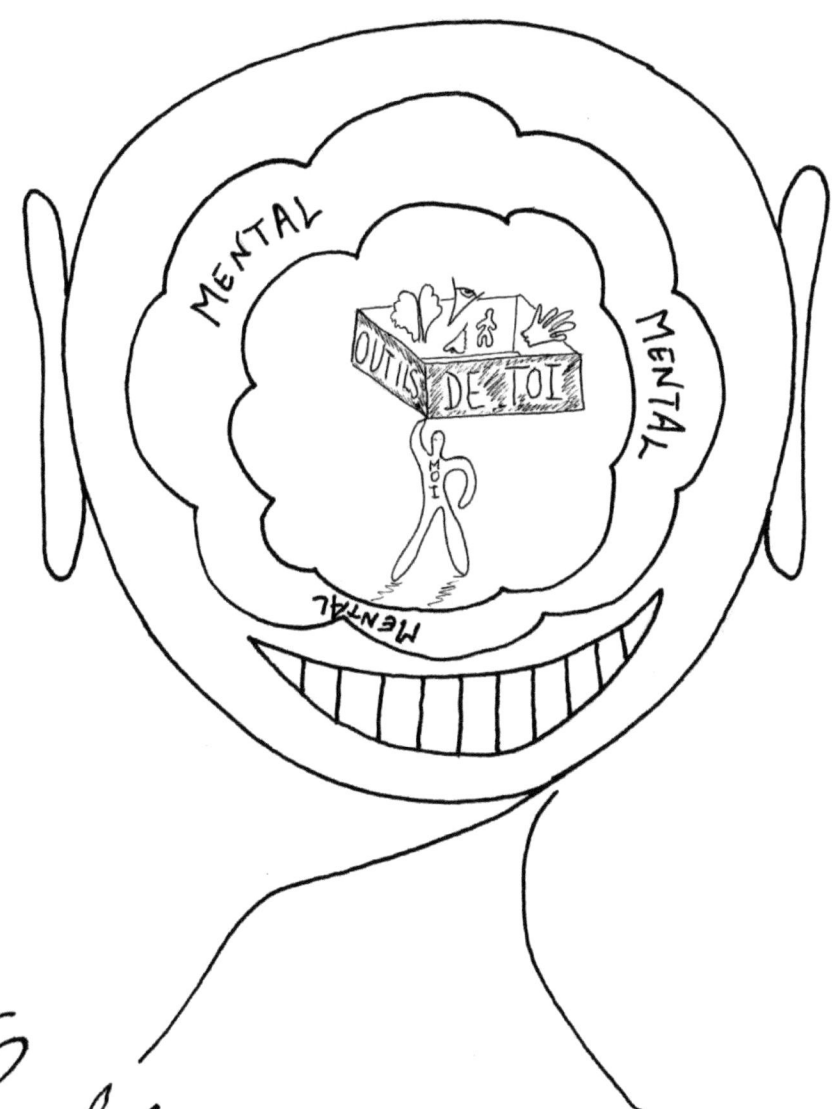

Le labo de ton cerveau, c'est :
- → Mieux te connaître
- → Retrouver tes outils
- → Être ⊕ confiant en tes capacités

ÊTRE +++ TOI :)

LE LABO, c'est comme un bout du Mode d'emploi de ton Cerveau

- Comment ça Fonctionne ?
- Qui es-tu ?
- My name is...
- Observe-toi !

ET TU Peux l'utiliser...

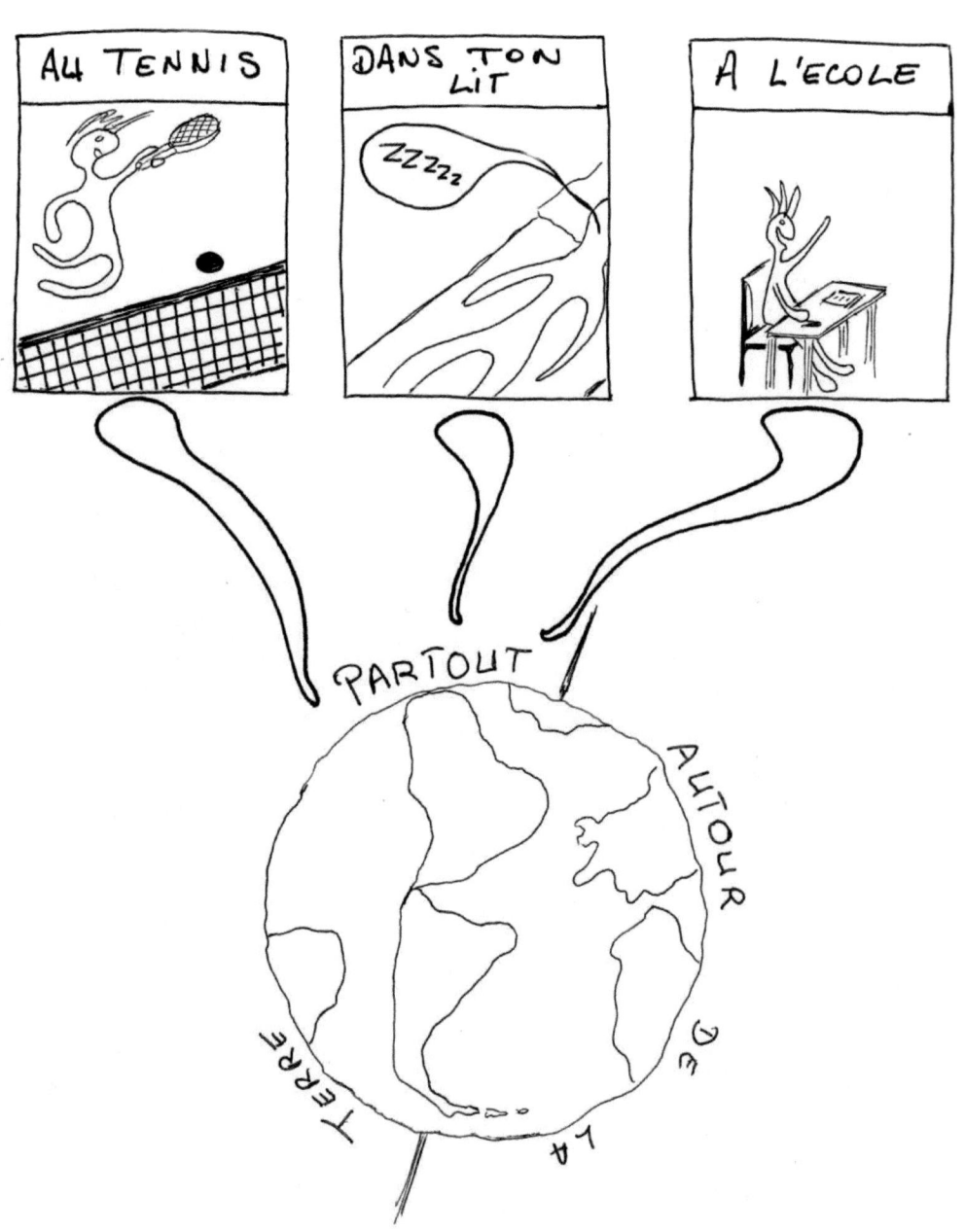

Demande-toi si tu veux l'utiliser pour t'aider, Maintenant !

↓

NOW...

:)

Alors joue...

→ + PRÉSENT
→ + MAÎTRE DE MOI
→ + COOL
→ + EFFICACE
→ + FORT
→ + CALME
→ + CONFIANT
→ + MOI
→ + CONCENTRÉ

← CHOISIS TES PENSÉES

← MIEUX ORDONNÉ

...& devient Ze MASTER !

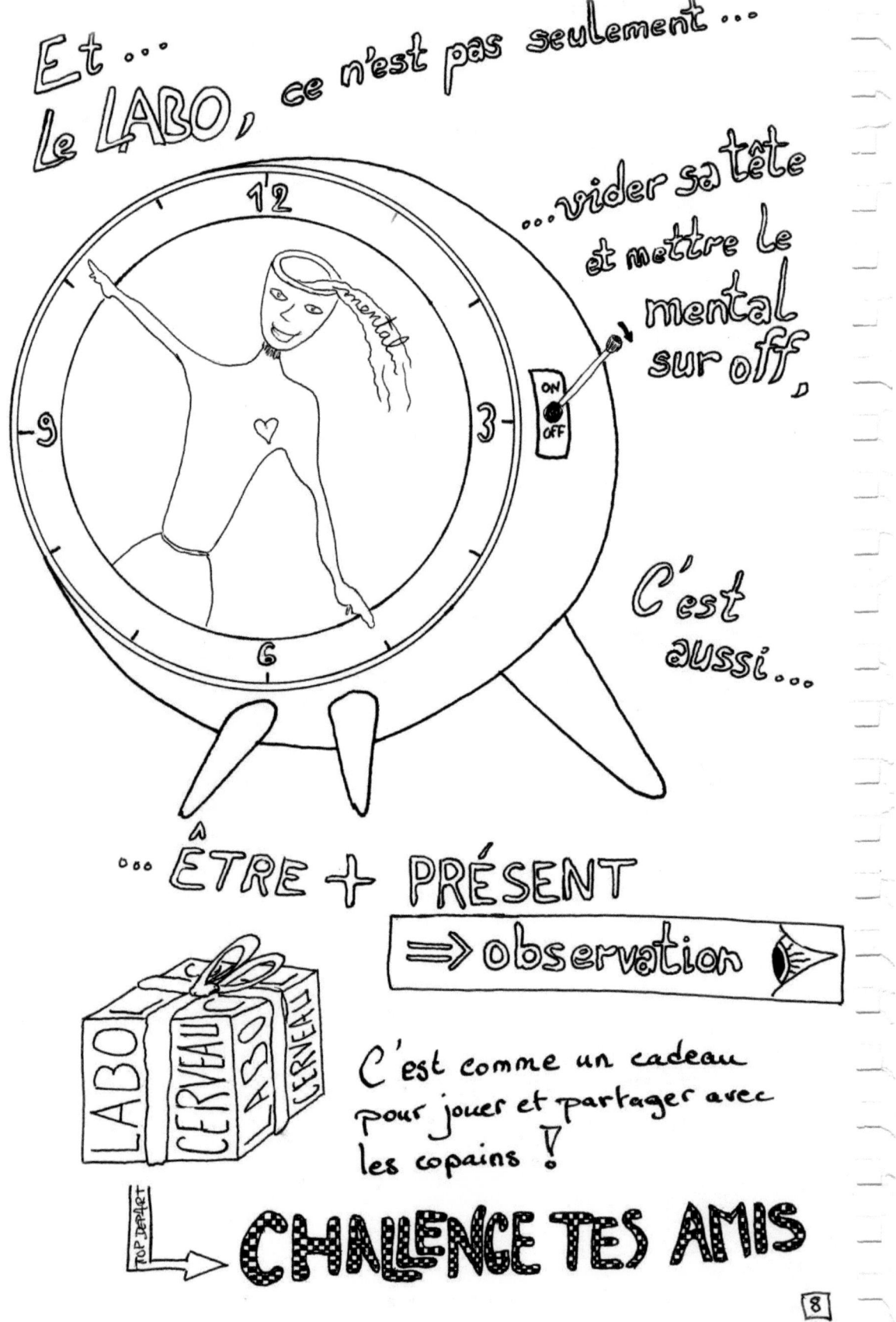

Les Bases

Tu comprendras mieux

Pour construire une bonne maison... ...rien de tel que de bonnes BASES !

Tout d'abord

Comprends mieux, *Chaque mot est comme une image...*

<u>Écrire</u> c'est comme dessiner,
→ Ça veut dire quelque chose
→ Tu traces des traits
→ Tu utilises : 1 crayon, 1 feuille, 1 main !

MOT = IMAGE

LIRE = VOIR LES MOTS

Chaque mot, tu peux le changer 😊 pour mieux comprendre...

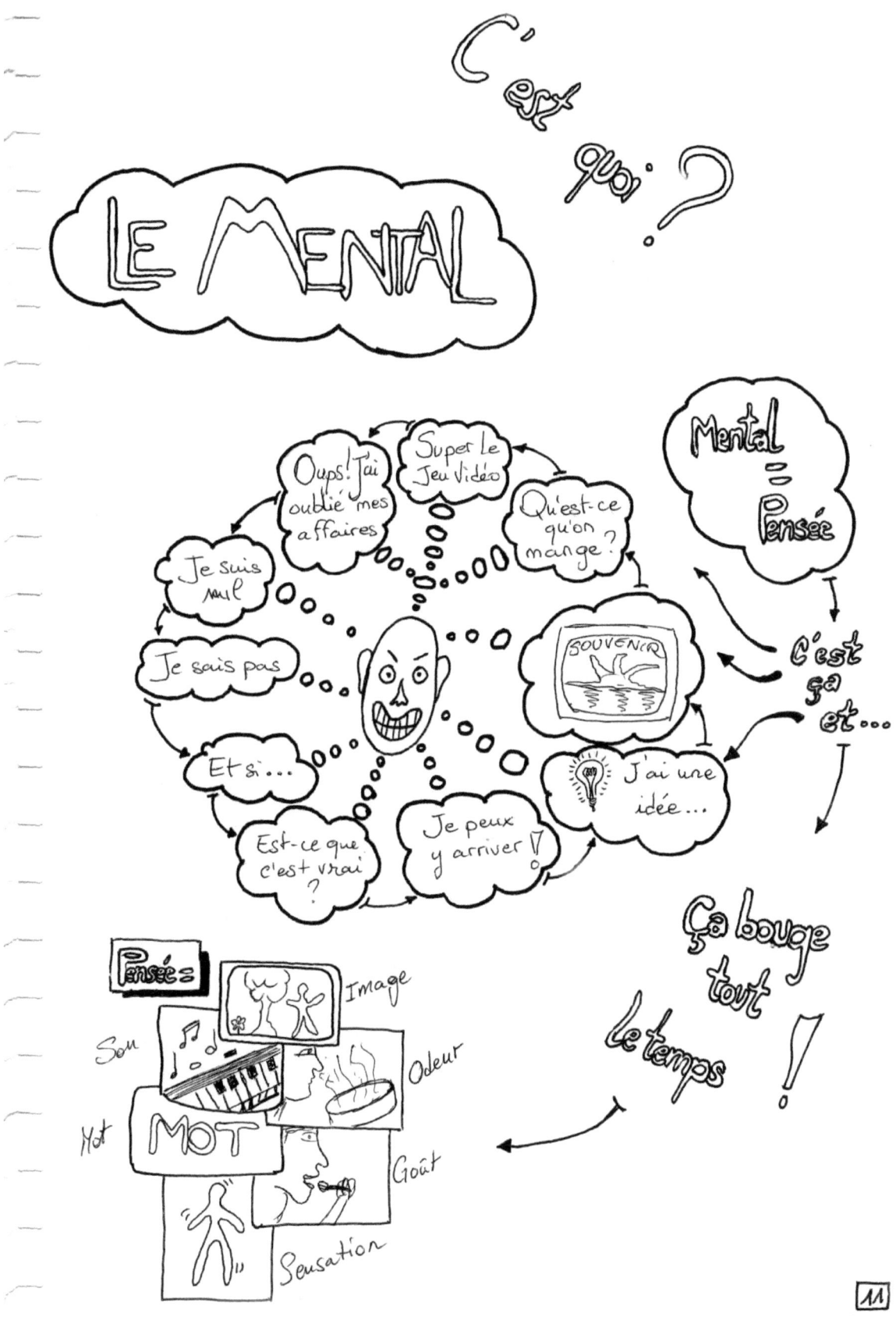

Regarde ça !

→

☺

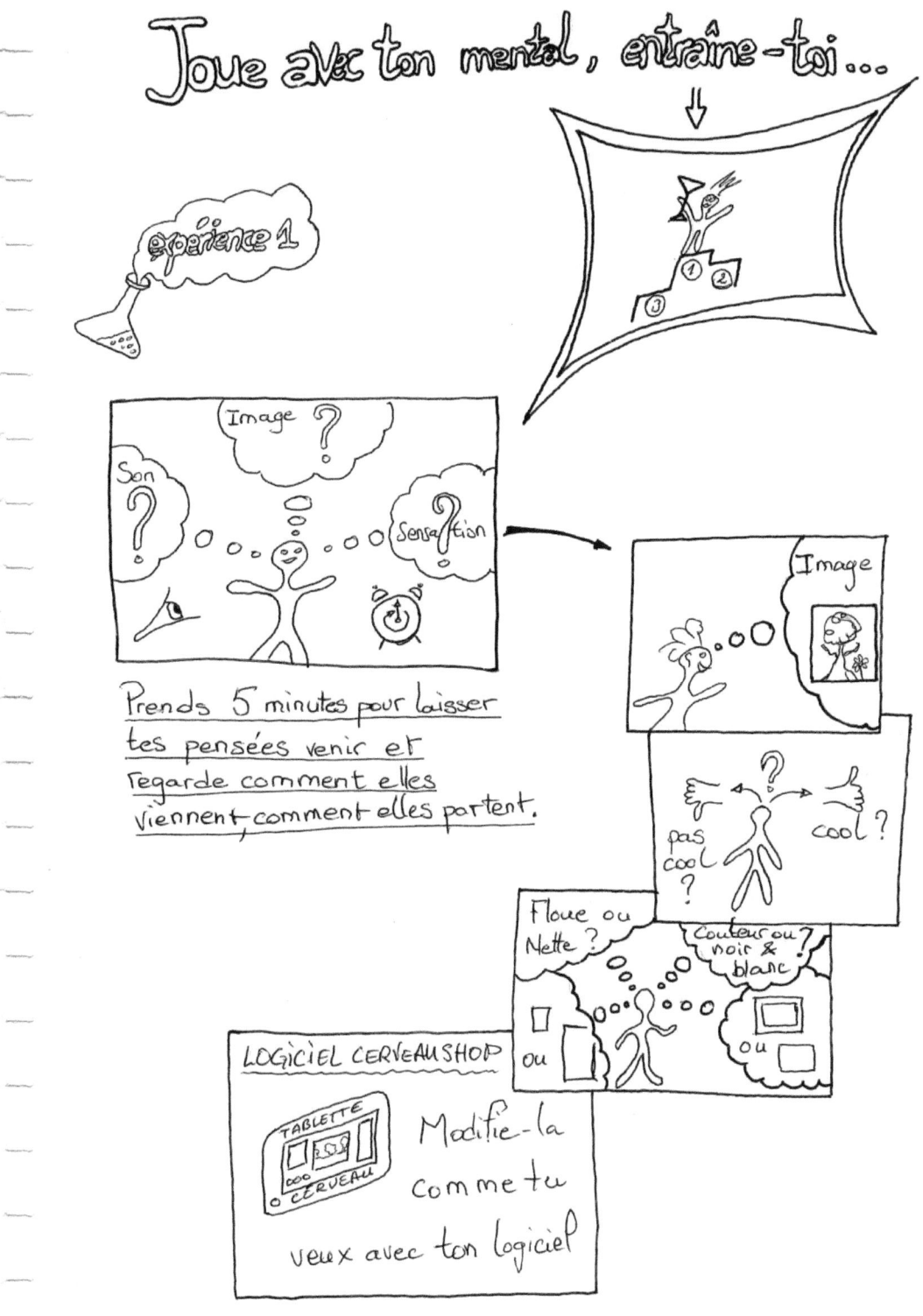

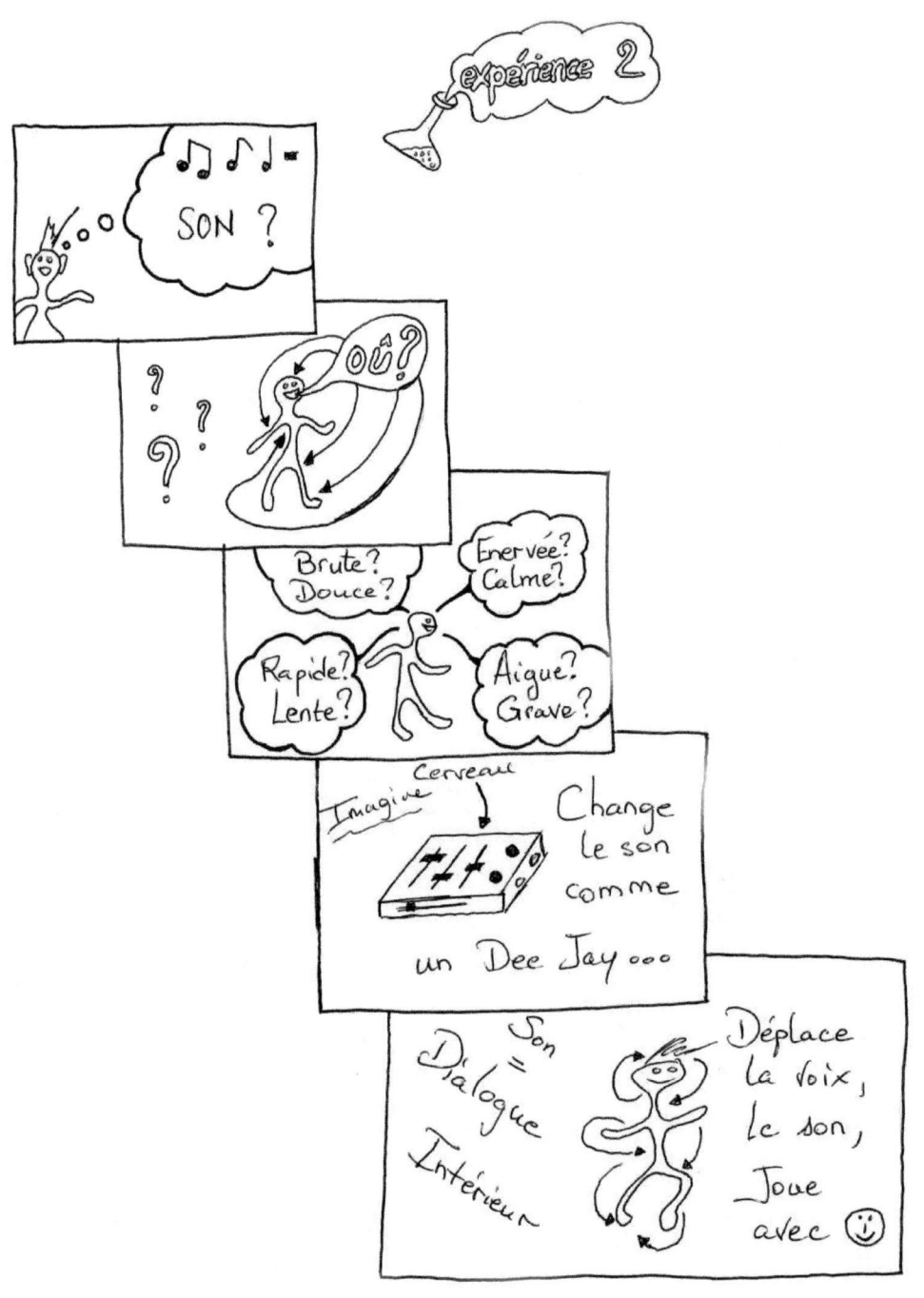

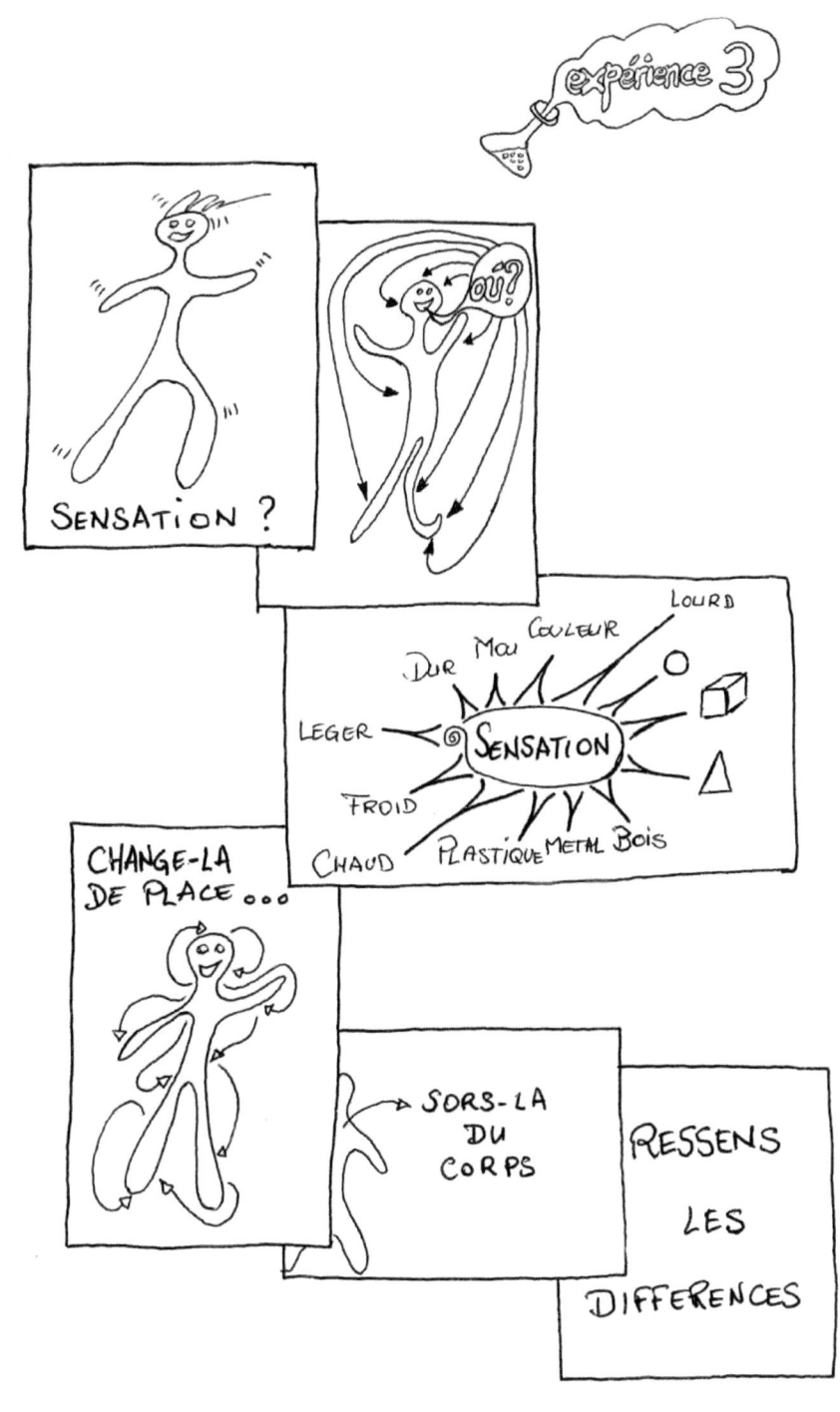

C'est drôle de jouer avec son mental, n'est-ce pas ?

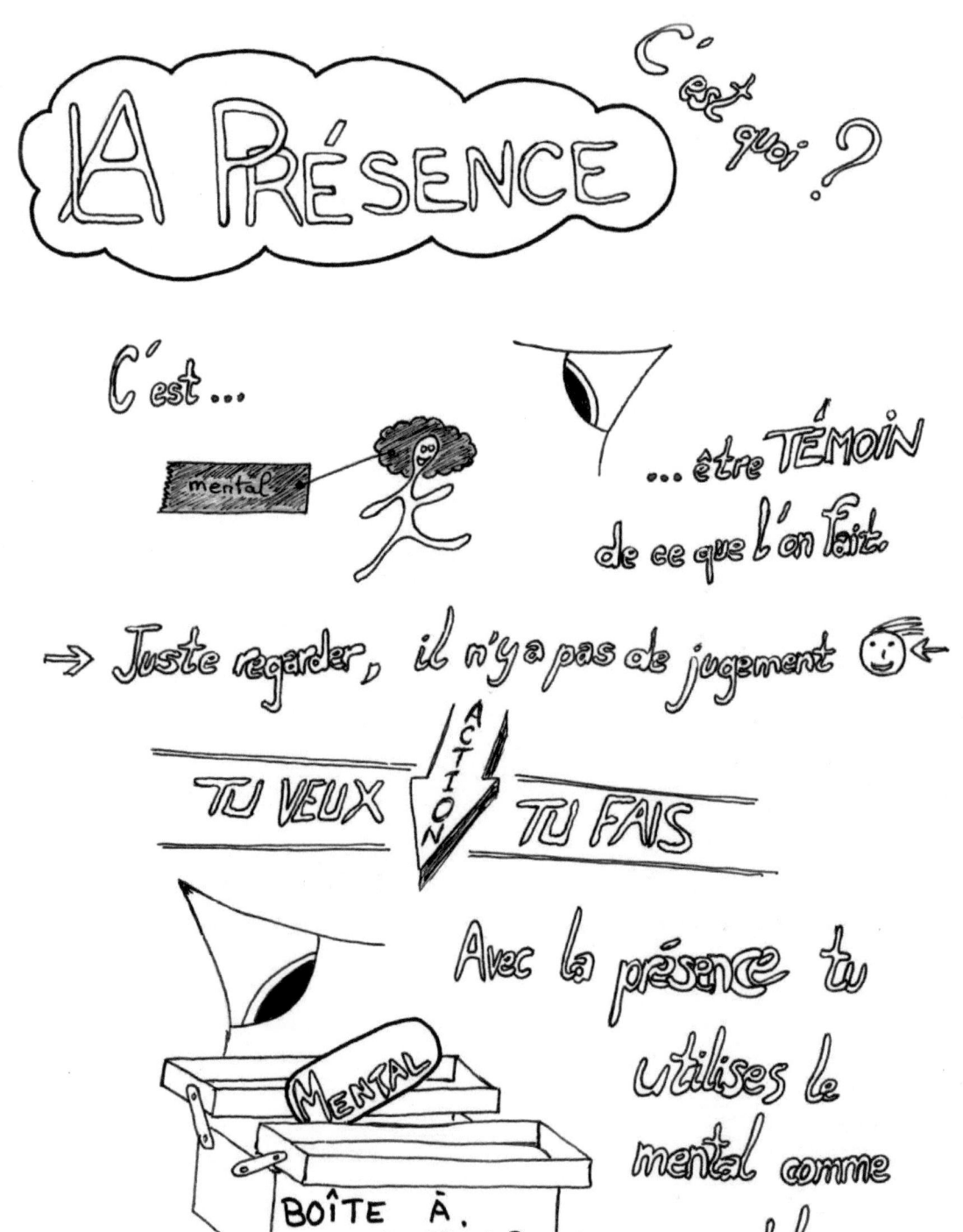

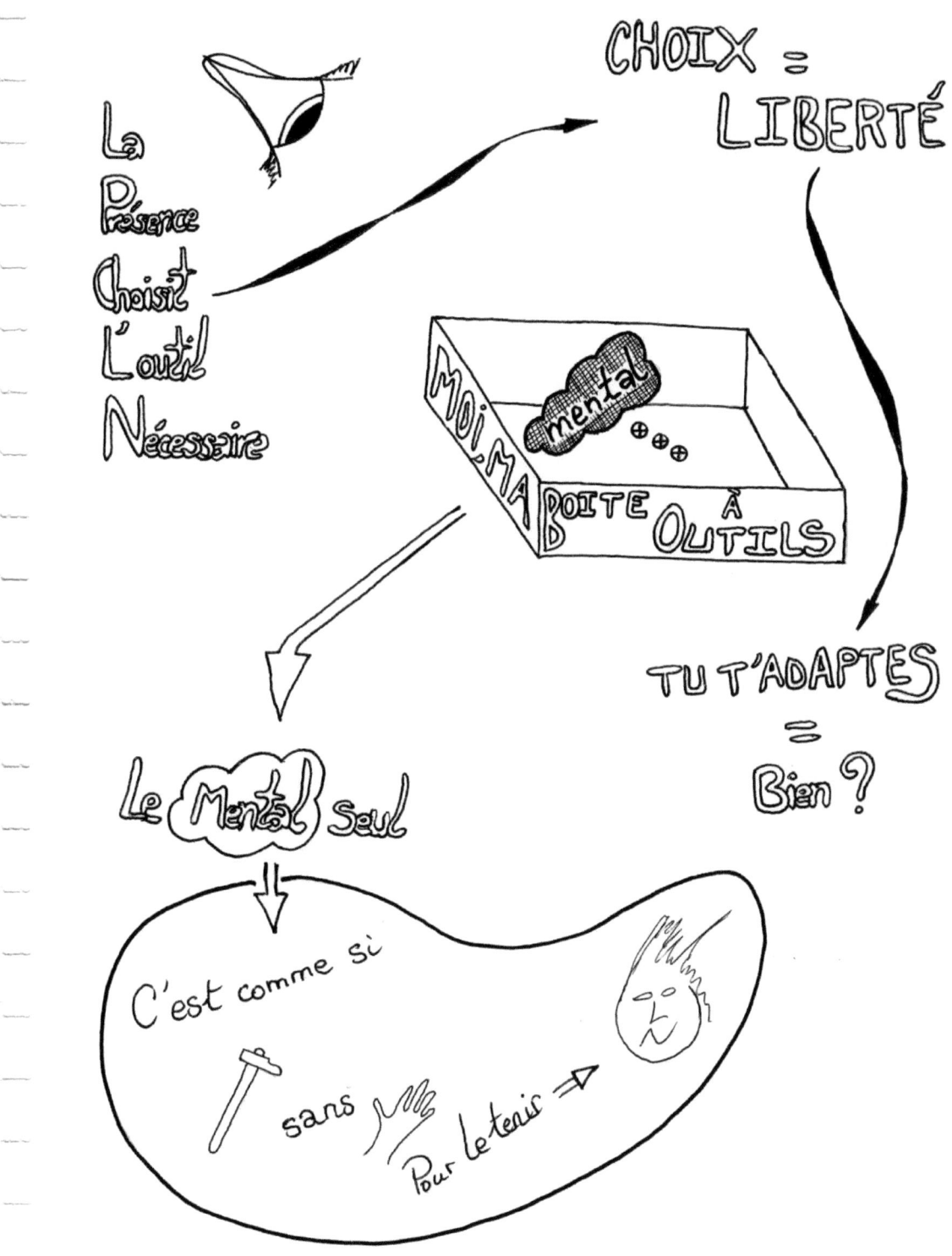

Alors Simplifie...

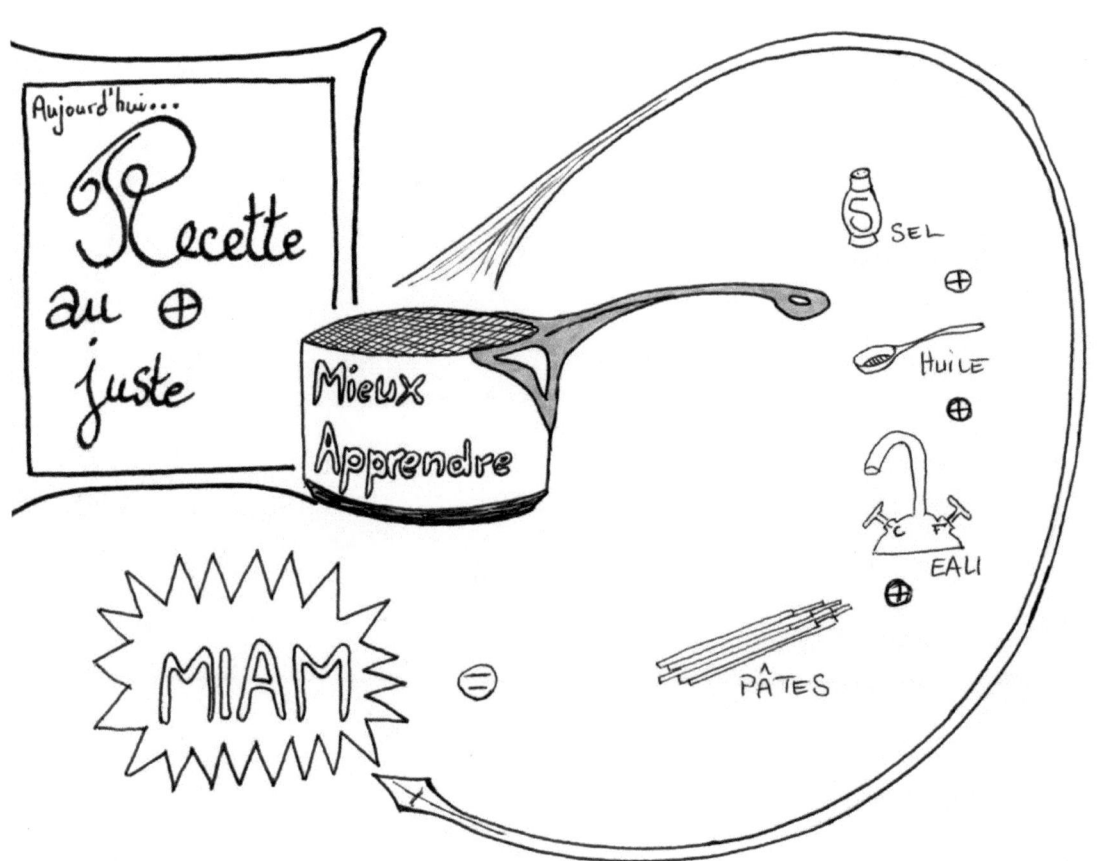

...c'est +facile

Tu es déjà souvent PRÉSENT

Qand tu es à fond sur quelque chose, tu es présent, les sens à fond, tu ne penses pas = tu es concentré ! Tu es toi :

MENTAL

PRESENCE

Tu es l'observateur

Pour être encore + PRÉSENT

STOP PENSÉES

parfois, sors du mental...

ZERO PENSEES
=
ACTION PURE
=
PRESENCE
=
GO!

INSTINCT

Et maintenant joue à être PRESENT

Qu'est-ce que tu ressens ? Et...

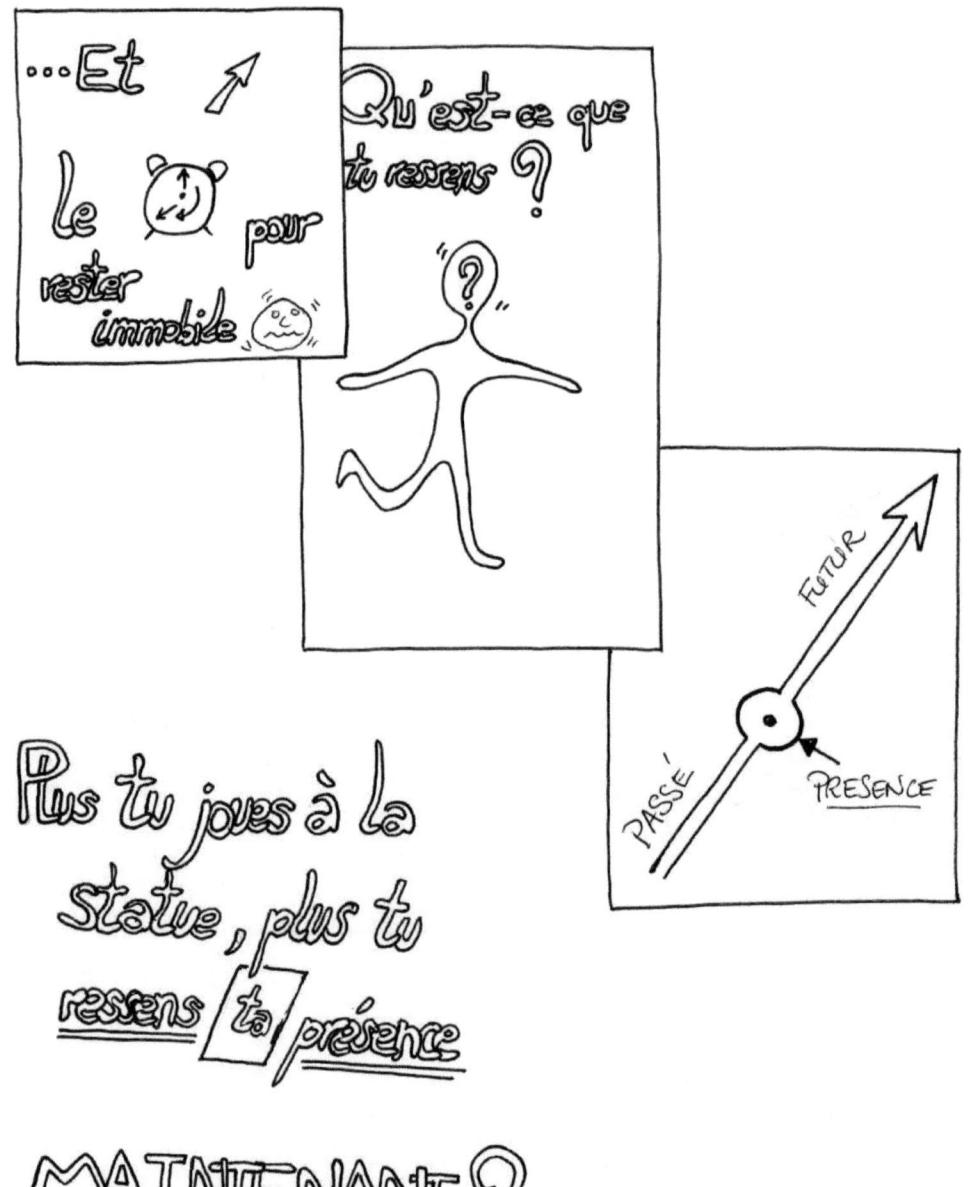

Plus tu joues à la statue, plus tu ressens ta présence

MAINTENANT ?

Challenge tes amis

Et à chaque instant :

→ est-ce que j'ai besoin de penser au passé pour vivre le Présent ?

→ est-ce que j'ai besoin de penser au futur pour vivre le Présent ?

→ est-ce que j'ai besoin de me parler dans ma tête pour vivre le présent ?

Et tu as pu remarquer, plus tu joues avec tout ça, plus tu es *CALME*, non ?

Le calme c'est comme

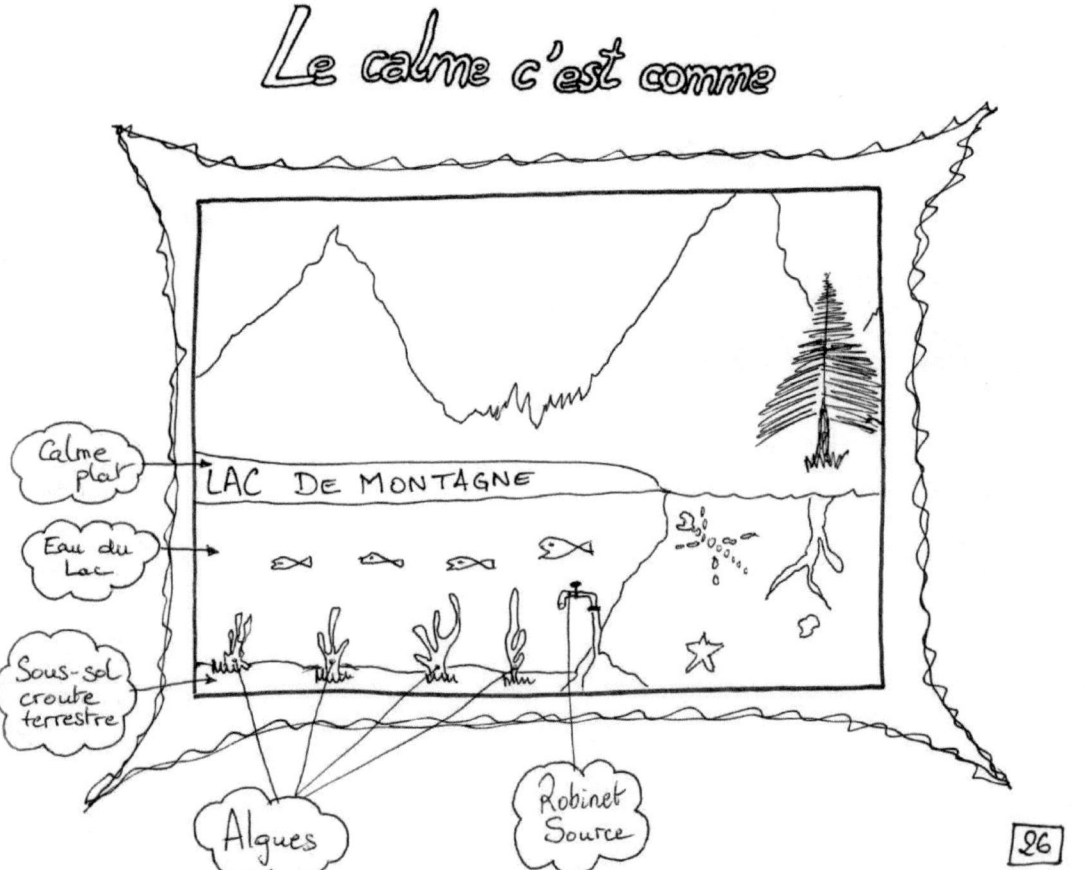

Et même si le lac est calme en surface, il vit de sa force intérieure : ses poissons, ses herbes, sa source ! Ça bouge et pourtant, pas en surface... C'est ça qui est =fort= !

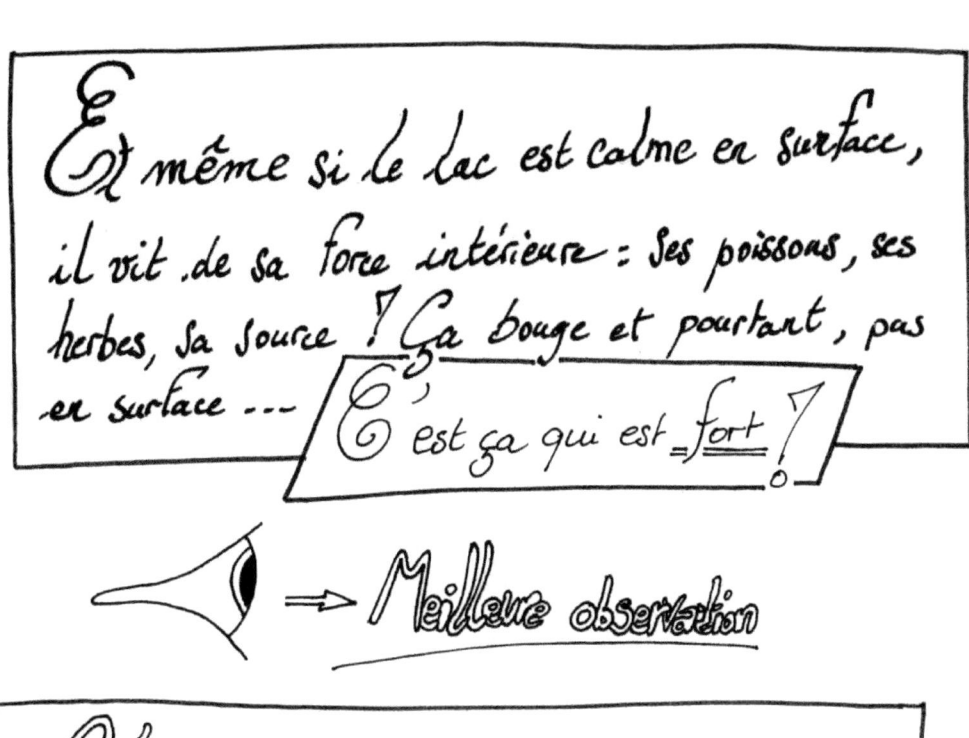 → Meilleure observation

C'est comme un bateau sur une mer pas calme, avec des vagues :

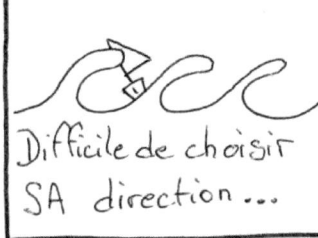
Difficile de choisir SA direction...

Plus facile de choisir SA direction ! ☺

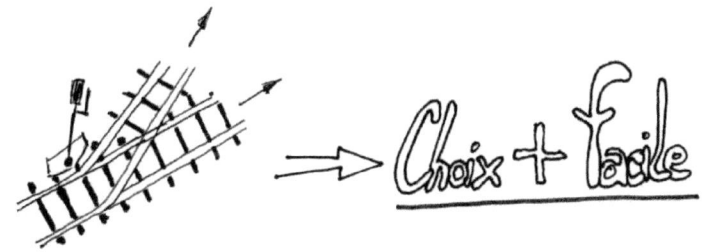 → Choix + Facile

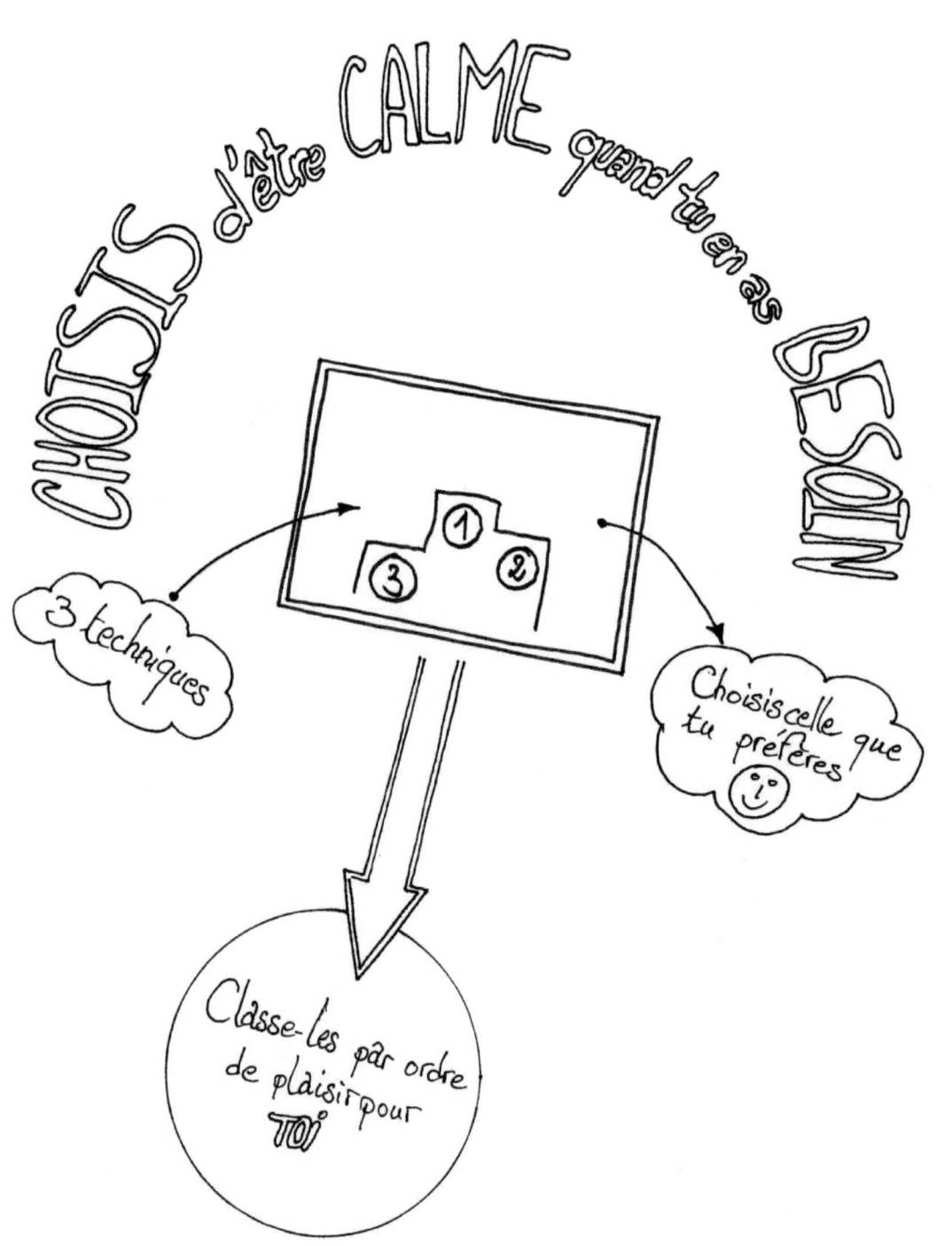

Technique N°1

Le Lac de montagne qui calme

Imagine un lac avec un joli reflet.

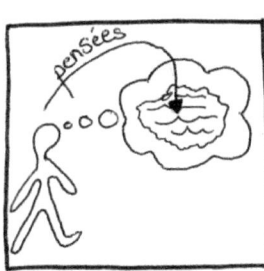
Mets-y toutes tes pensées...

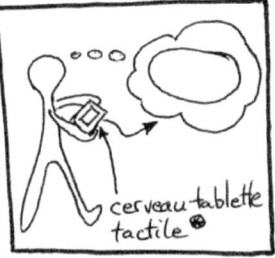
Rends-le plat comme un miroir avec ton "cerveau tablette"

⊛ voir page suivante

Comment te sens-tu ?

Comment te sens-tu ?

Comment te sens-tu ?

Ton cerveau c'est comme une tablette tactile :

Tu as un super outil avec un logiciel où tu peux tout programmer...

Technique N°2
Le Nuage qui calme

Imagine un nuage devant toi.

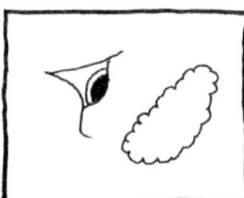
Observe-le : forme, couleur, texture,...

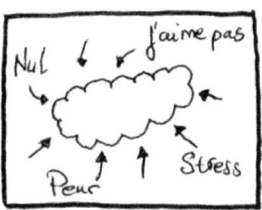
Envoie dedans ces pensées qui te gênent.

Est-ce que ton nuage a changé ? Comment est-il ?

Au moment où tu es prêt, souffle dessus pour l'éloigner.

Et si tu n'en as plus besoin, sors ton arme et détruis le nuage inutile...

Sur ta tablette (🧠), il y a plein de logiciels :

→ son
→ image
→ jeu
→ ...

Améliore ta vision des choses !

Technique N°3
La Respiration qui calme

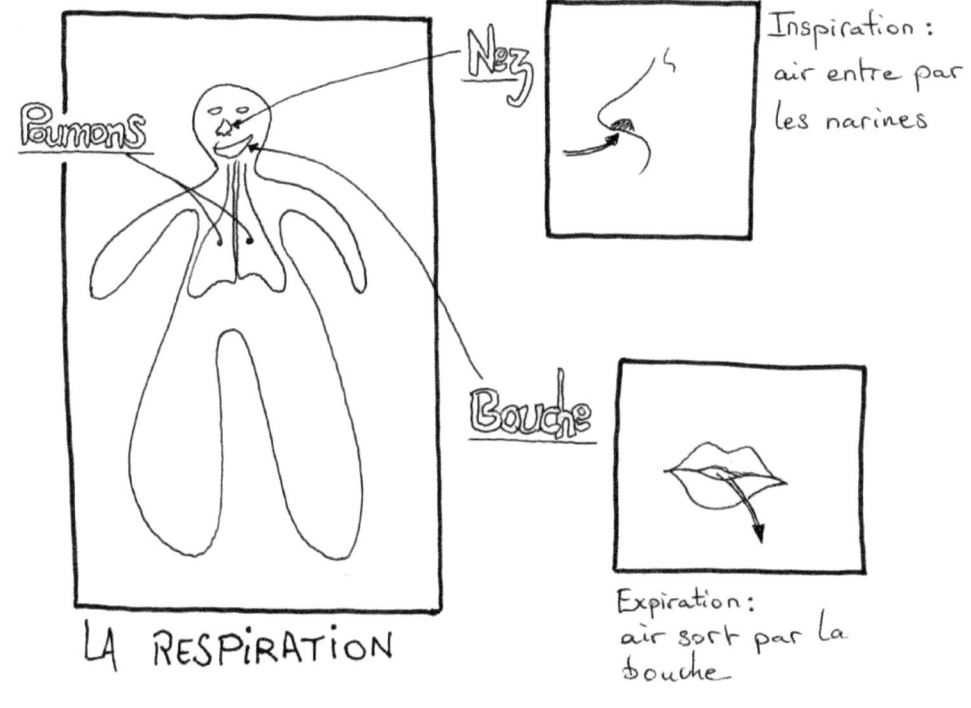

Concentre-toi sur ta respiration pendant quelques minutes, comment te sens-tu ?

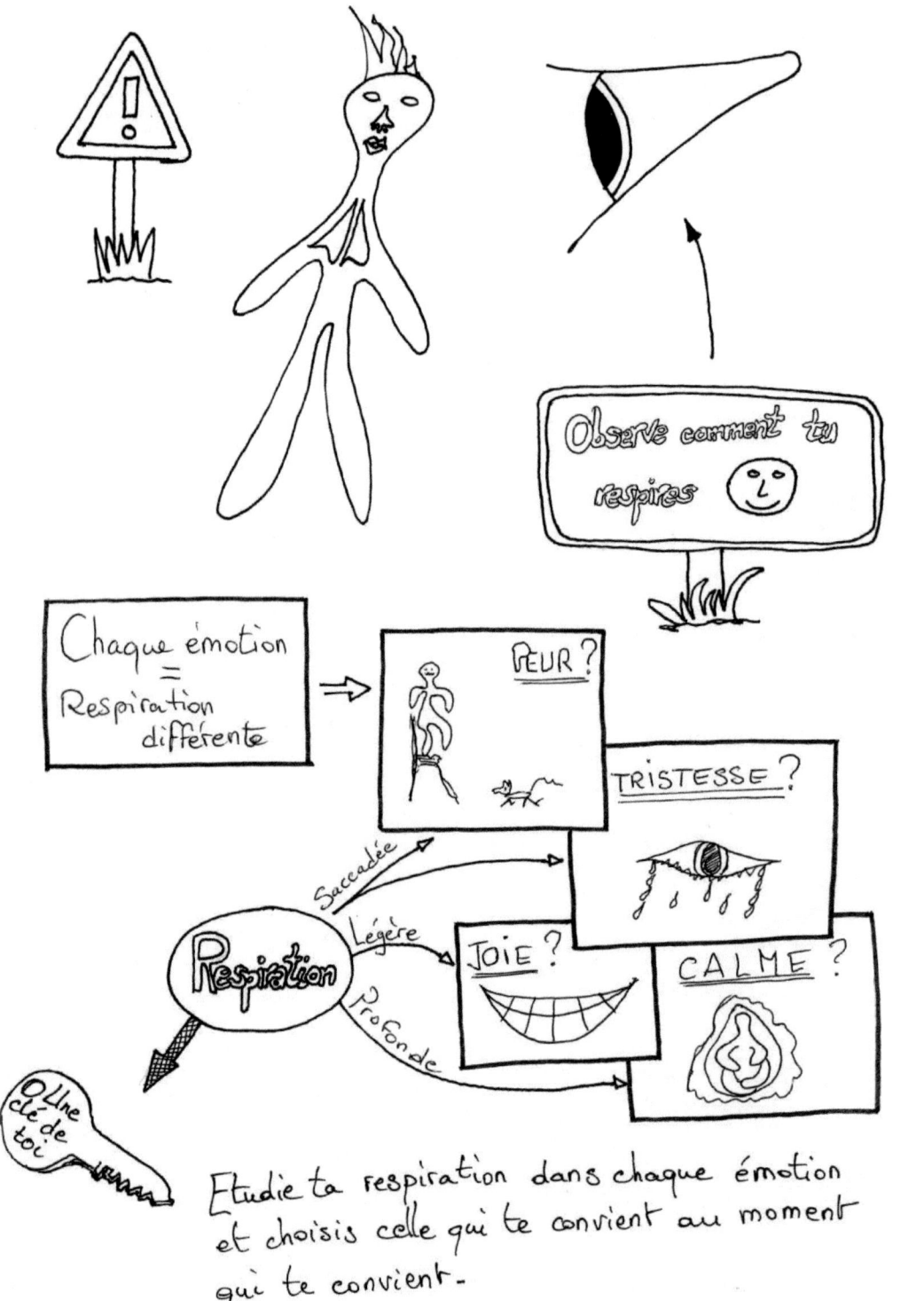

Étudie ta respiration dans chaque émotion et choisis celle qui te convient au moment qui te convient.

Voilà tu as déjà plein de nouveaux outils pour jouer avec ton cerveau...

BOÎTE A OUTILS
COMMENT JE FONCTIONNE ?
IMAGINE

Et la suite de ton entrainement au prochain numéro :

Le Labo de ton cerveau - Level 2
"Arrête de penser !"